AF242728

LES
HOMMES D'ÉTAT
DE CARTON

PAR

M. LAURENT

—

Prix : 60 centimes

—

EN VENTE A ASNIÈRES, CHEZ L'AUTEUR
5, RUE DE L'ALMA, 5

Et à Paris, chez **SAILLANT**, 13, rue du Croissant

ET CHEZ LES PRINCIPAUX LIBRAIRES

—

1876

LES
HOMMES D'ÉTAT
DE CARTON

PAR

M. LAURENT

—

Prix : 60 centimes

—

EN VENTE A ASNIÈRES, CHEZ L'AUTEUR

5, RUE DE L'ALMA, 5

Et à Paris, chez SAILLANT, 13, rue du Croissant

ET CHEZ LES PRINCIPAUX LIBRAIRES

—

1876

LES

HOMMES D'ÉTAT DE CARTON

PRÉAMBULE

La France traverse en ce moment une crise dont la gravité et l'importance échappent naturellement à tous ceux qui ne voient dans une révolution qu'un fait accidentel, provoqué par une minorité factieuse, par des hommes de désordre, dont l'œuvre, en ce monde, consiste à vouloir tout détruire sans pouvoir rien édifier. Ainsi comprises, les révolutions ne sont qu'un mal sans compensation, sans aucune raison d'être, et qu'il faut combattre à outrance et par tous les moyens : de là la politique et les gouvernements de combat.

Comme preuves à l'appui, ceux qui professent cette opinion ne manqueront pas de faire valoir qu'après bientôt un siècle de révolutions, la France n'en est encore qu'à expérimenter une constitution républicaine que l'on a eu grand soin de déclarer révisable, tant la République inspire peu de confiance aux hommes politiques. C'est cette politique à courte vue que nous appellerons la politique de carton et les hommes qui la pratique les hommes d'Etat de carton.

Chose singulière, ce sont précisément les hommes d'Etat de carton qui sont la cause des révolutions, et lorsqu'ils les combattent, ils ne font que combattre un mal dont ils sont les auteurs..... et ils se plaignent. Pourtant, s'ils n'étaient les causes, ils n'auraient point à combattre les effets.

Ce sont ces mêmes politiques d'occasion qui font que la France va de révolution en révolution, sans trouver où s'arrêter ou se reposer, sans pouvoir atteindre le but. Ce sont eux qui ont donné naissance au mot de M. Desmousseaux de Givré : Rien ! Rien ! Rien ! Au pouvoir, leur action est plutôt malfaisante que bienfaisante ; ils perpétuent les souffrances du pays au lieu d'y mettre un terme. Semblables au peuple juif de l'Evangile, ils ont des yeux pour ne point voir et des oreilles pour ne pas entendre. Ces pauvres gens ne savent rien, absolument rien, et voilà pourquoi nos affaires vont de mal en pis. Ce que nous disons-là, nous allons le démontrer aussi brièvement que possible.

Bien que l'Evangile soit un livre de foi, il énonce pourtant une grande vérité pratique : « Heureux celui qui des effets peut remonter aux causes. » En effet, c'est en remontant des effets aux causes que l'on parvient à découvrir le secret des choses et que l'on peut appliquer le remède lorsque ces choses sont un mal.

Un médecin appelé pour la première fois au lit d'un malade commence par lui faire subir un interrogatoire en règle pour être fixé sur les causes, sur la nature de sa maladie, après quoi il institue son traitement. De même en politique il faut savoir ce que l'on fait, il faut pouvoir dire : voilà le mal et voici le remède, et ne pas se tromper.

Si l'on recherche la cause de nos révolutions, on arrivera à cette singulière découverte que, presque toujours, elles se produisent par les fautes des gouvernants qui, probablement se croyant plus sages que le Créateur, ont la prétention de faire obstacle aux lois de la création et d'empêcher les évolutions sociales qui, hélas! doivent aboutir à la mort, au néant.

Ainsi le Créateur a voulu qu'il n'y eût rien d'éternel, rien d'immuable en ce monde, il a voulu que tout eût un commencement, un milieu et une fin; il a voulu que tout fût soumis au renouvellement par la mort. Les politiques de carton, beaucoup mieux inspirés, prétendent qu'il ne faut rien changer, rien réformer; que les mêmes choses doivent durer toujours et dans le même état. Ils se disent conservateurs; on leur demande ce qu'ils peuvent conserver en ce monde où tout est condamné à périr: les institutions, les constitutions, les empires, et mêmes les hommes? L'homme peut hâter ou essayer de retarder sa fin, mais c'est tout: il ne peut échapper à la mort.

Pour un véritable homme d'Etat, tout le secret consiste à bien comprendre son époque, à réformer les institutions qui ont vieilli, à les remplacer par d'autres plus en harmonie avec l'esprit et les besoins du temps, à prévenir les révolutions par des concessions faites à temps. Agir ainsi, c'est être vraiment conservateur, conservateur progressif et non conservateur borné, comme on disait sous Louis-Philippe.

C'est faute d'avoir eu cette sagesse que Louis XVI est mort sur l'échafaud. Mieux inspiré, il eût compris qu'après les règnes scandaleux des Louis XIV et des Louis XV, la monarchie légitime absolue était tuée et qu'il fallait entrer franchement dans les voies constitutionnelles, alors il eût sauvé sa vie. Il a payé de sa tête ses erreurs politiques. C'était sévère, cruel si l'on veut, mais enfin à qui la faute?

S'il est une vérité incontestable, c'est que Louis XIV et Louis XV ont plus fait pour la révolution que tous les révolutionnaires du monde.

Notre époque offre l'exemple d'un monarque qui, placé

à la tête d'un empire assez difficile à gouverner, vu son peu d'homogénéité, a pourtant réussi, par sa sagesse, à se tirer des immenses embarras dont il s'est vu assailli, c'est l'empereur François-Joseph. Après la perte de la bataille de Sadowa, des réformes constitutionnelles ayant été demandées, il les a accordées, et jusqu'ici il n'a rien fait pour ressaisir ce que d'autres appelleraient le pouvoir légitime, comme s'il pouvait y avoir de légitime autre chose que le bien du pays.

Toujours conseillé par la même sagesse, l'empereur François-Joseph a rendu visite et tendu la main au roi d'Italie, qu'il pouvait considérer comme son ennemi. Voilà un trait de grandeur d'âme peu commun. Aussi l'empereur d'Autriche doit-il être considéré comme un type de roi constitutionnel et peut-être le premier souverain de l'Europe.

On peut affirmer qu'il n'y aura point de révolutions en Autriche aussi longtemps que l'on s'y conduira avec cette sagesse et ce patriotisme. Que l'on imite cette prudence, et il n'y en aura pas non plus ailleurs.

Si nos grands politiques voulaient ou pouvaient juger sainement de l'état de la France, ils verraient que la crise que nous traversons n'est pas une simple crise politique, mais bien une crise de transformation, de rénovation toute entière, et que c'est là ce qui en rend l'enfantement si laborieux. Une telle crise ne se termine pas en un jour. Il faut bien des essais, bien des tâtonnements, bien des marches en avant suivies de retour en arrière, et presque toujours l'action et la réaction coûtent des flots de sang.

Depuis plus de quatre-vingts ans, la France essaie de tout sans se trouver bien. Elle se tourne et se retourne sur son lit de douleur sans trouver aucun adoucissement à son sort. Tout y passe : monarchie, empire, république. La forme change, mais le fond reste à peu près le même, parce que le docteur manque. Nul ne sait accomplir l'œuvre de transformation, de rénovation.

Il est encore une vérité qu'on ne saurait contester : on ne fait pas de révolution sans hommes. Toute révolution qui ne produit pas en même temps un homme capable de lui donner ses lois, ses principes, sa morale, doit avorter. Sans Washington, que serait devenue la grande République américaine? ce que sont les Républiques de l'Amérique du Sud : des *pronunciamento*, des présidents, des dictateurs qui ne font que passer; l'anarchie en permanence, ou à peu près, et voilà tout.

Nous, depuis la première révolution, nous avons bien usé une douzaine de constitutions pour nous retrouver au point de départ : la République, la République qui ne durera qu'autant qu'on saura la faire durer, c'est-à-dire qu'autant qu'elle mettra fin à la crise.

Pour que la crise de rénovation prenne fin, pour que l'œuvre de la révolution se trouve remplie et qu'un gouvernement stable puisse s'établir en France, il y a quatre réformes à accomplir :

1° La réforme religieuse;
2° La réforme politique;
3° La réforme sociale;
4° La réforme littéraire.

Nous allons démontrer la nécessité de ces réformes.

LA RÉFORME RELIGIEUSE

L'homme étant, comme toutes choses, soumis à la loi du progrès passant par l'âge de barbarie pour arriver à la période de civilisation, le Créateur a dû faire qu'il y eût deux principes supérieurs pour régir l'humanité et en refréner les instincts brutaux. Ces deux principes sont : la foi et la raison. La foi pour les peuples primitifs, la raison pour les peuples arrivés à l'âge de majorité intellectuelle.

Ces deux principes ne peuvent exister concurremment. Ils s'excluent, au contraire ; ils viennent l'un après l'autre, ils se succèdent.

Lorsque par l'effet du temps, la foi a perdu son empire sur les cœurs, lorsque l'homme devenu sceptique raille ce qu'il a adoré, c'est à la raison de remplacer la foi et d'imposer à l'homme, devenu incrédule, une morale, une religion dont il ne puisse se railler, quelqu'envie qu'il en puisse avoir. Quelle sera cette religion ? La religion de la raison qui n'a qu'un article de foi et est, par cela même, un progrès sur l'Evangile... Jugez plutôt : « *Tout* « *homme est tenu de faire le bien et sans espoir de récompense.* » Faire le bien, c'est faire à autrui ce que nous voudrions qu'autrui fît à nous-mêmes. Voilà qui est clair, net et qui prête peu à la raillerie et à la controverse.

Comme on peut voir, le progrès est manifeste. Il faut faire le bien comme un devoir imposé à l'homme sur cette terre et sans qu'il puisse exiger ou désirer des récompenses d'outre-tombe. Il faut faire le bien uniquement par amour du bien, et par cette raison péremptoire que l'*intérêt* bien compris de l'homme exige qu'il en soit ainsi.

Nos pères, les grands révolutionnaires, avaient si bien compris qu'à un temps donné la raison doit succéder à la foi, qu'en fermant les églises ils ouvraient le temple de la raison. Sans doute, c'était prématuré, ils devançaient le progrès d'un grand siècle ; néamoins ils étaient dans le vrai. La religion de la raison est bien une vérité. Il est vrai que la raison peut se passer de temple.

Le règne de la raison ouvre donc une ère nouvelle, l'ère philosophique. La vérité philosophique remplace la vérité religieuse. Au fond, c'est à peu près la même chose, il n'y a de différence que dans la forme. Pour nous servir d'une expression triviale, nous dirons « que c'est le même gilet, mais avec une autre paire de manches. »

La foi et la raison ne sont donc pas ennemis comme d'aucuns le prétendent. Ce sont, au contraire, deux sœurs qui concourent au même but : contenir l'homme dans les limites du vrai et du juste, lui imposer la vertu. Seulement, la foi s'adresse à l'imagination et la raison à l'intelligence. Voilà l'unique différence.

La raison connaît son public. Elle sait que son règne n'arrive jamais que chez une nation vieillie, qui a perdu son ingénuité, son innocence ; qui est devenue incrédule, positive et surtout égoïste. L'intérêt étant la loi dominante de chacun, la raison parlera au nom de l'intérêt, moyen infaillible d'être écoutée. C'est pourquoi la religion de la raison pourrait s'appeler aussi la religion de l'intérêt. Mais, s'écriera-t-on, la religion de l'intérêt, cela est d'un matérialisme grossier ! Erreur !... C'est la morale que l'on prêche, par conséquent l'on est spiritualiste et non matérialiste.

Exemple :

Ayant la vertu à recommander à l'homme, la raison ne

lui parlera ni du Paradis, ni de l'Enfer, sachant bien qu'elle serait accueillie par un rire d'incrédulité. Sans autre préambule et à brûle-pourpoint, elle lui dira : « Sache qu'il est de ton intérêt d'être vertueux! » Voilà qui est positif et peu fait pour exciter le rire chez un égoïste. Au mot *intérêt*, l'auditeur dresse l'oreille et se prend à réfléchir, ce qui est déjà quelque chose. La réflexion lui démontrant que c'est là une grande vérité, bon gré, mal gré, l'homme se rend et la raison triomphe là où la foi aurait échoué, la foi ne pouvant promettre pour récompenses que les béatitudes de la vie future qui ne peuvent être prouvées et auxquelles on ne croit point.

Ne peut-on pas, en effet, mettre au défi le rhéteur le plus subtil, le disputeur le plus retors, de prouver que le véritable intérêt de l'homme ne soit pas d'être vertueux. C'est ce qui fait dire à Walter Scott à la fin d'un de ses romans (la *Prison d'Edimbourg*), « que si le sentier de la vertu ne mène pas infailliblement aux grandeurs, il conduit toujours au repos et à la félicité. » Ainsi, double avantage : La vertu assure le bonheur en ce monde, sans préjudice des récompenses que l'on aura pu mériter dans l'autre, si autre monde il y a. Voilà ce qu'enseigne la raison. Il nous semble que positivistes et spiritualistes doivent se montrer satisfait.

S'agira-t-il de la tempérance et des bonnes mœurs? La raison les fera valoir encore au nom de l'intérêt.

Elle dira que l'homme continent et tempérant ménage sa bourse et sa santé, que les excès dans la jeunesse sont punis par les infirmités dans la vieillesse, avec quelques années de vie en moins. L'homme arrive à se bien pénétrer de ces vérités qui passent à l'état de vérités pratiques, et les mœurs s'améliorent par le seul effet du raisonnement. La foi dit : croyez! La raison dit : réfléchissez! La foi affirme ; la raison prouve, c'est là son avantage.

Les partisans de la foi diront que la religion étant d'origine divine, elle doit durer éternellement. Nous répondrons : alors, faites que l'on croie à la religion et surtout qu'on la pratique !

Nous ne sommes pas ennemi de la religion, nous la respectons, au contraire, comme l'un des deux grands principes moralisateurs de l'humanité, mais il nous faut voir les choses comme elles sont. Nous constatons que voilà bientôt dix-neuf siècles que la religion est prêchée aux hommes et voyant les résultats nous faisons le raisonnement suivant : Ou il n'est pas possible de rendre les hommes meilleurs, ou bien la foi est impuissante à les rendre bons ; dans l'un ou l'autre de ces deux cas, on est fondé à essayer d'un autre moyen et c'est ce que nous proposons. La foi a été enseignée par des hommes qui s'appelaient Bossuet, Fénelon, Massillon, Bourdaloue, Fléchier, etc. Ces génies ont échoué ; sur quoi se fondent des prélats moins illustres pour espérer mieux réussir ? Nous demandons une raison valable, nous nous contenterons d'une seule.

La religion de la raison a encore l'immense avantage de supprimer toutes les controverses, toutes les disputes et par suite toutes les persécutions religieuses. Elle s'impose à tous : catholiques, protestants, musulmans, israélites ; tous sont tenus de faire le bien ! Elle accomplira l'unité religieuse en devenant la religion de l'univers au fur et à mesure que les peuples arriveront à l'âge de raison.

Enfin, la foi est morte et les morts ne ressuscitent pas, c'est une loi de la création. Donc et afin qu'il n'y ait point d'interrègne, comme dans les temps anciens où l'on criait : Le roi est mort !... vive le roi ! Il faut dire aujourd'hui : La foi est morte !... vive la raison !

LA RÉFORME POLITIQUE

Comme en matière religieuse, la raison doit être le principe dominant, c'est par la raison qu'il faut gouverner la France aujourd'hui, et non par la force.

Mais pour gouverner par la raison, il faut des principes, des idées, et nos gouvernants de carton n'ont ni idées, ni principes. L'intrigue, les petits moyens, le savoir-faire, voilà leurs moyens de gouvernement. L'état de siége et la compression assurent l'ordre. Ils vivent au jour le jour, défendant opiniâtrement le présent, mais sans préparer l'avenir. S'ils font une concession, c'est sous la pression de l'opinion publique; l'amour du mieux, l'amour du bien n'y est absolument pour rien. Pour ces honnêtes gens, pour ces dignes conservateurs, avoir la majorité c'est tout, le vrai et le juste ne sont que de vains mots. A une voix de majorité, ils devaient faire la monarchie, et c'est la république qui a passé à ce même chiffre. Mais est-ce la république ou la monarchie qui convient à la France? peu importe! La majorité fait loi, et une voix suffit pour le bien comme pour le mal. Ce sont là des principes conservateurs!... d'autres disent révolutionnaires. Ainsi à une voix de majorité on pourra voter l'expropriation générale. Imprudents! ils forgent les armes qui doivent servir à les égorger.

Aussi que ne feraient-ils pas pour obtenir la majorité! Ils seront capables de faire nommer les sénateurs par des ruraux qui ne savent pas lire!.... Et l'on validera sans scrupule des élections véreuses, scandaleuses même. Nous allons essayer de formuler la vraie politique conservatrice.

Deux et deux combien cela fait-il? quatre et ne peut faire que quatre : c'est la vérité mathématique. Eh bien! en toutes choses il en est de même, en toutes choses la vérité n'est qu'une... C'est cette vérité qu'il faut trouver et faire adopter au public par les moyens qui conviennent, par l'autorité d'une haute raison et d'un grand caractère, les deux qualités essentielles de tout homme d'Etat digne de ce nom. Tout le reste est faux, erroné et par conséquent mauvais.

Quoi, la majorité? Une majorité quelconque a-t-elle le droit de décider que deux et deux font cinq? a-t-elle le droit de voter des lois absurdes, injustes? Ce serait retourner à la barbarie.

Quoi aussi la souveraineté d'une assemblée législative, chambre des députés, sénat ou autre, dans toute société civilisée, il n'y a de souverain que les deux principes fondamentaux de l'ordre social : la justice et la raison. Ces deux principes sont souverains, souverains absolus et les législateurs, plus que tous les autres, sont tenus de les respecter. Autrement, ils créeraient des précédents qui pourraient mettre l'ordre social en péril, comme nous l'avons déjà dit. On ne peut rien entreprendre contre la raison, on ne peut rien entreprendre contre la justice ou l'on est que des barbares. Si c'est la passion politique, l'esprit de parti qui dominent, qu'arrivera-t-il? Une majorité blanche fera des lois blanches; une majorité rouge, des lois rouges. Le pays, ballotté du blanc au rouge et du rouge au blanc ou au bleu, ne saura plus où se reconnaître ; il perdra les notions du juste et de l'injuste et tombera dans la démoralisation. Il n'y aura plus que la loi et quelle loi! disant oui aujourd'hui et demain non. C'est du bas-empire, c'est la fin d'une société.

Le principe d'autorité est une vérité. L'homme d'Etat doit imposer et même s'imposer, mais c'est sur la raison qu'il doit fonder son autorité et non sur l'intrigue ou sur la force. La raison doit être l'unique moyen de gouverner les peuples soumis au régime constitutionnel monarchique ou républicain. La raison est une armure qui assure le triomphe définitif à celui qui peut la revêtir. Mais ici se présente un inconvénient sérieux. Pour user de ce moyen, il faut un homme doué de facultés puissantes, un homme de génie, et les hommes de génie n'ont jamais pullulé. A défaut d'un tel homme, les médiocrités font ce qu'elles peuvent; c'est pourquoi ils ne faut pas trop leur en vouloir si elles ne font que des sottises. Toujours est-il qu'il convient de signaler le mal afin qu'on y remédie. C'est ce que nous faisons en souhaitant qu'il nous vienne un homme assez puissant pour détruire l'esprit de parti et terrasser l'opinion, l'opinion qui a toujours été et qui sera toujours l'ennemie de la raison. Son règne doit prendre fin alors que le jour de la raison luit, alors aussi que finit le règne de la foi.

Boileau a fait une satire sur l'équivoque, il aurait pu en faire une sur l'opinion avec plus de motifs : l'opinion a fait plus de mal au monde que l'équivoque; nous l'éprouvons en ce moment.

Il y a quatre opinions qui sont à la fois le fléau et la honte de notre époque. Nous avons l'opinion légitimiste, l'opinion orléaniste, l'opinion bonapartiste et l'opinion républicaine. Que diront ces quatre opinions pour justifier de leur raison d'être, alors que la vérité n'est qu'une? Ou c'est la monarchie légitime qui convient à la France, ou c'est la monarchie constitutionnelle, ou c'est l'empire, ou c'est la république; c'est l'une ou l'autre de ces quatre formes de gouvernement, mais ce ne peut pas être l'une et l'autre. C'est OU et non pas ET. L'un dit blanc, il prétend qu'il a raison; un autre dit noir, et il a aussi raison; un troisième dit rouge et il dit aussi qu'il a raison, et un quatrième qui voudra bleu affirmera qu'il a encore plus raison que tous les autres ; c'est tout bonnement absurde. De plus, ils disent, ils veulent, ils font tous le contraire les uns des autres, et ils sont tous conservateurs ! C'est encore difficile à comprendre.

Les partis monarchiques se prétendent exclusivement conservateurs et constituer le parti de l'ordre. Erreur ! Ils sont révolutionnaires et forment le parti du désordre. Pour être conservateurs, pour être le parti de l'ordre, il leur manque l'unité de vues et l'unité d'action. Tout au plus l'un d'eux pourrait-il être conservateur, et encore faudrait-il qu'il fût dans le vrai comme monarchique. Mais l'un prêche la monarchie légitime, l'autre la monarchie constitutionnelle, un troisième l'empire. C'est la confusion babélique ! c'est le chaos ! mais point l'ordre.

Le travail à accomplir est donc celui-ci : rétablir l'ordre dans les esprits et l'unité dans les idées, détruire les partis qui sont dans le faux pour n'en laisser subsister qu'un seul, qui s'appelera le parti philosophique, le parti du bon sens et de la raison : le parti de la vérité. Afin que la France ne soit pas exposée à périr, il faut que les partis prennent fin. Comment ? par la logique ou par les moyens violents, il faut choisir ; mais c'est l'un ou l'autre de ces deux moyens. L'un est la barbarie, l'autre la civilisation, le progrès ; nous préférons ce dernier.

Nous répéterons ce que nous avons dit en commençant : c'est par la raison qu'il faut gouverner aujourd'hui, et nous croyons avoir joint la preuve à l'affirmation ; c'est donc le plus fort en raison qui devra occuper le pouvoir. Doué d'une intelligence supérieure, cet homme se dira qu'au-dessus de tous les partis il y a les principes, et qu'il faut respecter les principes, parce qu'il sont la clé de voûte de l'édifice social ; que c'est une idée fausse que, sous prétexte de *souveraineté* une Assemblée législative ait le droit de tout faire : le bien et le mal ; que cette idée nous ramènerait à la barbarie par la loi du nombre, de cette loi tant blâmée par les conservateurs, mais qui savent fort bien la pratiquer quand ils y trouvent intérêt. C'est comme pour les révolutions, trouvez-moi un conservateur pour condamner une révolution qui devra lui profiter !

Voilà pour la réforme politique. Nous aurions pu en dire bien davantage, car la matière est loin d'être épuisée. Ce sera pour une autre fois. Présentement, nous n'avons voulu faire qu'une esquisse qui mît chacun sur le chemin de la vérité. Nous croyons avoir attteint ce but qui nous suffit.

LA RÉFORME SOCIALE

C'est la réforme de nos mœurs, de nos principes sociaux qui sont mauvais. C'est la pratique des sentiments qui font durer les sociétés au lieu de ceux qui peuvent en amener la ruine en semant la division et la haine parmi les diverses classes de la population.

Comme toujours, on va chercher bien loin la cause de nos discordes politiques et sociales lorsqu'on l'a sous la main. C'est l'égoïsme qui est la cause de tout le mal. L'égoïsme n'est-il pas le vice anti-social par excellence ? Tous voulant pratiquer la fameuse maxime : « Chacun pour soi, chacun chez soi, » la société désagrégée ressemble à un mur en pierres sèches qui, au moindre coup de vent, vacille, semble près de se renverser et de couvrir le sol de ses débris. Alors grand émoi des conservateurs qui, jetant des cris de terreur, réclament un sauveur pour les tirer d'un péril dont ils sont les auteurs. La société est en péril ! exclament-il en chœur. La société est en péril, soit ! Mais pourquoi s'y est-elle mise en péril ? Toute société qui se dit en danger prononce elle-même sa condamnation. C'est qu'elle est sortie des voies du vrai et du juste, attendu qu'il n'y a pas d'effets sans causes.

Celui qui a dit : que « les peuples n'ont jamais que le gouvernement qu'ils méritent » a dit une sottise. C'est le contraire qui est vrai : « Les gouvernements n'ont jamais que les peuples qu'ils méritent. » Le peuple est ce qu'on le fait. Donnez de bons exemples, gouvernez selon les lois de l'honneur, vous aurez un bon peuple ; gouvernez par l'intrigue et les expédients, donnez de mauvais exemples, vous aurez un mauvais peuple. Le bien et le mal viennent toujours d'en haut, jamais d'en bas. On dit : « Tel maître, tel valet, » et non : « Tel valet, tel maître. » Si donc il y a la démagogie, c'est que l'on a fait des démagogues ; à qui s'en prendre? L'égoïsme a envahi toutes les classes : de là les périls sociaux. Qui a les premiers donné l'exemple de l'égoïsme? que les prétendus conservateurs le disent.

Que ce soit l'empire, la monarchie légitime ou constitutionnelle, la république, tout ce que l'on voudra, tant que la fraternité n'existera pas au sein de la société et tant il n'y aura ni paix, ni tranquillité, ni sécurité, ni gouvernement possible. Réconciliez les pauvres avec les riches, et tout sera fait : les périls disparaîtront comme par enchantement. Mais dans les circonstances actuelles, insensés sont ceux qui désirent le pouvoir, sages sont ceux qui se retireront des affaires, disant : Voyons comment cette lutte finira.

Les républicains annoncent leur programme : suppression absolue de l'état de siége, liberté de ceci et liberté de cela... c'est mettre les moyens d'action aux mains du peuple ; à quelle fin en usera-t-il? Les conservateurs en tremblent d'avance, et ils ont de bonnes raisons pour cela : ils se sentent perdus. L'un d'eux a dit : « Enrichissez-vous. » Le peuple a retenu le mot, et il veut, sinon s'enrichir, du moins conquérir une position meilleure. Ce que l'égoïsme lui refuse, il le prendra de par la loi. La liberté de la presse, la liberté de réunion, d'association, etc., etc., ce n'est pas avec cette monnaie qu'on paie le propriétaire, ni les fournisseurs... il faudra bien autre chose. Ne cherchez pas ailleurs le pourquoi de la résistance désespérée des conservateurs, et si tous les moyens sont mis en œuvre pour obtenir la majorité dans les élections, c'est que la majorité est peut-être pour eux une question d'être ou de ne pas être... Il faudrait faire des concessions, mais l'égoïsme ne veut rien céder.

Les hautes classes, les classes dirigeantes, particulièrement intéressées à la cause de l'ordre, doivent faire à l'ordre les sacrifices nécessaires. Ils ont, selon le mot de M. de Girardin : « A payer la prime d'assurance. » Elles doivent faire un choix : ou l'exploitation sans l'ordre, ou l'ordre sans l'exploitation. Dans ce dernier cas, c'est le gouvernement de la force qui doit prévaloir... mais gare les révolutions.

Si le mot exploitation choque, on le remplacera par le mot égoïsme, cela reviendra au même.

Le gouvernement de la force étant absolument nécessaire, l'état de siége en permanence a sa raison d'être : c'est la société menacée qu'il s'agit de sauver. Mais ici se présente une question préjudicielle qu'avant tout il faudrait résoudre. Cette société, qui a péché par l'égoïsme, mérite-t-elle d'être sauvée ? Ceux qui travaillent à son salut n'agissent-ils pas contrairement aux vues de la Providence qui veut infliger à ce monde égoïste le châtiment qu'il a mérité ? C'est sur cette question que nous voudrions avoir le sentiment de NN. SS. les évêques et les archevêques.

Nous sommes particulièrement choqué de voir que le clergé, le haut clergé surtout, des effets ne remonte pas aux causes, puisque l'Evangile loue ceux qui ont cette habitude. Tonnez contre les petits, soit ! mais n'épargnez pas les grands qui sont les plus coupables ? Où et quand le clergé a-t-il jamais flétri l'égoïsme ? L'égoïsme, cette lèpre honteuse de l'époque qui nous ronge jusqu'à la moelle ! Le haut clergé fait de la politique au mépris de cette parole de Jésus-Christ : « Mon royaume n'est pas de ce monde ; » et il réserve ses anathèmes pour les intérêts temporels de la papauté... Etonnez-vous après cela de l'affaiblissement des croyances religieuses !

L'homme moderne paraît croire qu'il a été créé et mis au monde uniquement pour gagner de l'argent et s'enrichir aux dépens de ses semblables. Les affaires! les affaires! voilà le grand mot. Les affaires véreuses mêmes ne sont un mal qu'autant que dame justice s'en mêle et prononce des condamnations. Mais si, en côtoyant le Code, on a pu, par un bon tour de main, faire une bonne affaire! on est dans le ravissement; on a fait preuve d'une habileté supérieure, et l'on trouve des admirateurs.... Ils sont même en majorité, tellement nous sommes corrompus!... et il faut sauver la société!...

Nous sommes dans une époque de transition. La foi est morte et la raison ne règne pas encore. Il en résulte un interrègne, un vide qui se trouve comblé par le culte des intérêts matériels, par le culte de l'argent.

La ville de Paris fait un emprunt; les souscripteurs font queue, ils offrent plus de quarante fois la somme demandée, et les applaudissements d'éclater. Nous nous permettons d'exprimer un sentiment contraire. Comme opération financière, ce résultat peut être fort beau; comme morale, c'est hideux. C'est la tourbe des égoïstes qui, excitée par la cupidité, s'est levée avant l'aube, qui même ne s'est point livrée au sommeil, dans la crainte de pas arriver assez tôt pour placer le fruit de sa liarderie, de sa vilenie, de ses rapines, et grossir son revenu. Le civisme et le patriotisme ne sont pour rien dans cet apport d'argent : c'est affaire de placement, et voilà tout. Et le lendemain... le lendemain, on recommencera à lésiner, afin de pouvoir prendre part à un prochain emprunt qui ne manquera pas d'avoir lieu, tant l'Etat et les communes mènent bien leurs affaires. Un emprunt, c'est deux choses : une prime à l'égoïsme et une cause de misère pour le plus grand nombre. Si l'Etat et les communes n'empruntaient, que ferait-on de l'argent? Il faudrait bien le dépenser d'une manière ou d'une autre; l'industrie, le commerce, l'agriculture et les travailleurs s'en trouveraient mieux.

L'épargne est un devoir pour le pauvre, qui a besoin de s'assurer des moyens d'existence pour ses vieux jours, afin de n'être point à charge aux établissements hospitaliers, toujours insuffisants. Pour le riche, c'est presque un crime : le riche doit dépenser pour faire vivre le pauvre. Tout l'ordre est là! Dépensez, faites circuler l'argent! Redevenez les Français d'autrefois, nobles, grands, généreux, chevaleresques, et vous aurez plus fait pour vous tirer du péril que tous ces sauveurs acclamés qui n'ont pu réussir et ne réussiront pas à se sauver eux-mêmes.

Ou bien l'égoïsme, continuant à faire des siennes, on en viendra à s'entre-dévorer, la première loi humaine étant de vivre : *Primo vivere.*

Le mal est au comble et parfaitement senti. Chacun convient que l'égoïsme est la plaie et la honte de notre époque. Qu'on se réforme donc!...

Nous n'insisterons pas davantage sur la réforme sociale; nous croyons en avoir dit assez pour en démontrer l'urgence et la moralité. A chacun de faire des réflexions sur ce sujet, que nous n'avons fait qu'effleurer, selon notre dessein. Il y a matière à méditation.

LA RÉFORME LITTÉRAIRE

La réforme littéraire est le complément de toutes les autres, ou plutôt c'est par cette réforme qu'il faudrait commencer, puisque l'on dit : « Tant vaut la parole et tant vaut le pays. »

En effet, toutes les gloires existent ensemble et toutes les hontes de même. L'état de grandeur d'un pays est attesté par l'éclat de sa littérature ; son état d'abaissement par l'ineptie des œuvres littéraires qui se produisent. Vous prétendez régénérer un pays ; commencez par régénérer sa littérature, et faites diligence, la corruption de l'esprit entraînant toutes les autres corruptions.

Cette régénération est-elle possible et comment faudrait-il s'y prendre pour l'accomplir? En retournant à l'observation des éternels principes de l'art : le vrai, le beau, le naturel.

Nous sommes des pygmées qui voulons jouer le rôle de Titans. Nous sommes en révolte contre tout, aussi bien contre la raison que contre la foi. Le bon sens aussi est nié. Notre indépendance est pleine et entière. Nous n'avons foi qu'en nous-mêmes : nous nous croyons capables de tout; en réalité, nous ne sommes propres à rien. La décadence est partout, principalement dans les œuvres littéraires. Chacun oublie que la vérité n'étant qu'une, il ne peut, en conséquence, y avoir qu'une seule manière de bien faire qui consiste à se régler sur les chefs-d'œuvre de l'art. Labruyère ne dit-il pas : « que pour rendre une seule de nos pensées, il n'y a qu'une expression qui soit la bonne. » Si donc l'expression n'est qu'une, la création doit n'être qu'une également. Tous les genres sont bons, dit-on, hormis le genre ennuyeux. Si tous les genres sont bons, c'est d'abord à la condition d'être admis par la raison. Puis, ce qui plaira à un ignorant pourra parfaitement déplaire à un connaisseur. Où reconnaîtra-t-on le genre ennuyeux ?

En littérature, comme en toutes choses, on ne vise qu'au succès, non pour la gloire, mais pour l'argent. Que l'on réussisse et tout est bien : la fin justifie les moyens. Il n'y a pas d'autres principes. Là encore, la foule imbécile fera le succès et acclamera des inepties qui déshonorent l'esprit français, sans voir que de telles productions ne peuvent que réjouir les nations étrangères qui nous jalousent et jouissent de notre état d'abaissement. Si donc vous prétendez que la France est la première nation de l'Europe, faites-donc que la littérature ne donne pas un démenti à la bonne opinion que vous avez de notre pays.

L'ordre, la discipline, la méthode, les principes, toujours les principes, ou l'on ne fait rien de bon en littérature pas plus qu'en politique.

Point d'indépendance ! L'indépendance n'existe pas pour l'homme qui, doué de la faculté de raisonner, se trouve par cela même soumis au joug de la raison.

On a voulu suivre d'autres voies et faire litière des règles classiques. Boileau a été ridiculisé, et Racine traité de « polisson. » D'aucuns, plus polis, se consentaient de l'appeler « un poète à l'eau de rose. » Certains critiques chevelus, mais de peu de cervelle, affectaient de tourner en ridicule l'immortel récit de Théramène, sacré et couronné par la tradition. 1830 a vu cette débauche d'esprit. Révolution politique et révolution littéraire allant de pair, cela était dans l'ordre. Mais de même que le mouvement politique de Juillet n'a rien produit de durable, de même le mouvement littéraire ne restera dans l'histoire que comme la marque d'une époque agitée où l'esprit cherche sa voie sans la pouvoir trouver, parce que le jour de la raison ne luit pas encore.

« 1830 émancipa l'art et lui ouvrit de nouveaux horizons. » Cela se lit encore tous les jours dans certains journaux. L'art s'est émancipé, soit! mais où sont les chefs-d'œuvre sortis de cette émancipation? D'aucuns en citent, mais ce sont des intéressés, et ils sont récusés comme juges et parties.

Est-ce la *Tour de Nesles* qui est un chef-d'œuvre? C'est le plus grand succès de l'époque, et les représentations de ce drame se comptent par centaines.

Voltaire dit, dans le *Dictionnaire philosophique :* « Disons « donc ici qu'il n'y a de vraie réputation que celle qui est « formée, à la longue, par le suffrage unanime des connaisseurs sévères. » C'est l'avis de ces connaisseurs sévères qu'il faudrait avoir sur ces prétendus chefs-d'œuvre.

Le romantisme qui fit tapage après 1830, est un genre faux en ce que, pour faire du nouveau, il a voulu substituer le laid au beau. Le laid abaisse l'âme, le beau l'élève en lui inspirant l'amour des grandes choses : l'enthousiasme, les dévouements sublimes, l'héroïsme, etc. Pourquoi dit-on la poésie héroïque? est-ce parce qu'elle célèbre les hauts faits des héros de bagne et d'échafaud? La poétique romantique qui inspire encore nos auteurs, c'est l'adultère, le viol, les empoisonnements et les assassinats. Que peut-il sortir de toutes ces horreurs, sinon la dépravation du goût avec toutes ses conséquences? Toutefois, à la décharge de cette littérature, on doit dire que le laid étant dans nos mœurs, et la littérature n'étant, à toutes les époques, que le reflet des mœurs, les auteurs sont fondés à l'adopter pour genre. Cela est certainement vrai; mais quelle honte!

Citons Labruyère : « L'on écrit pour être entendu; « mais il faut du moins, en écrivant, faire entendre de

« belles choses. L'on doit avoir une diction pure et user
« de termes qui soient propres, il est vrai ; mais il faut
« que ces termes si propres expriment des pensées no-
« bles, vives, et qui renferment un très-beau sens, etc. »
Ainsi les belles choses sont obligatoires, à moins que
Labruyère ne soit qu'un sot, comme Racine un polisson.

Quoiqu'il en soit, le laid a fourni sa carrière, et le genre
s'est trouvé épuisé. Les drames échevelés, les tours de
force où l'on se moquait du public en défiant le bon sens,
n'ayant plus le don de plaire, il a fallu imaginer autre
chose, et de chutes en chutes, l'art dramatique est tombé
dans l'opérette.... Cela devait être.

Dès lors qu'il n'y a plus d'art, qu'il ne s'agit que d'en-
lever un succès et de faire recette, tous les goûts étant
dans la nature, il faut bien les satisfaire tous, les uns
après les autres, afin d'atteindre le but qu'on se propose :
remplir la caisse. L'opérette se trouve ainsi avoir sa raison d'être. Après le laid, la bêtise ! Mais la bêtise, c'est le
dernier degré d'abaissement. Arrivé là, l'art doit se re-
lever ou tomber à tout jamais.

Nous avons un théâtre qui porte à son frontispice :
Théâtre de la Renaissance, et qui ne joue que des opé-
rettes. Ce théâtre, qu'a-t-il fait et que fera-t-il renaître ?...

La révolution de Juillet ayant provoqué un mouvement
d'esprit, à plus forte raison la République doit-elle aussi
produire un mouvement littéraire marqué au coin de l'ère
républicaine. La République, c'est le simple, le vrai en
toutes choses. La littérature républicaine, drames, comé-
dies et romans, devrait donc présenter les caractères sui-
vants : simplicité de l'action, unité des caractères, vérité
des sentiments, justesse des idées, le tout renfermant un
sens, un enseignement, une utilité quelconques.

Voilà pour la réforme littéraire, esquissée comme toutes
les autres réformes. C'est une brochure que nous faisons
et non un livre.

CONCLUSION

Le monde moderne semble péricliter, parce qu'il n'a ni principes, ni croyances, et qu'il prétend vivre dans l'égoïsme, ce qui est de toute impossibilité. Cette situation morale se trouve encore compliquée par une révolution politique qui a fondé la République. La République, c'est, dit-on, l'avènement de nouvelles couches sociales, c'est la démocratie qui arrive; mais quelle sera la morale, la religion, quels seront les principes de cette démocratie qui n'a devant les yeux que des exemples de cupidité et d'égoïsme? Que fera-t-elle? Où ira-t-elle? Où s'arrêtera-t-elle? Telles sont les questions qu'il faut se poser. M. Guizot, à l'Académie française, répondant au discours d'un récipiendaire, s'exprimait ainsi : « La démocratie a « une pensée inique et pleine de périls, c'est de croire « qu'elle représente la société, que même elle est la so- « ciété tout entière ; c'est de n'avoir nul souci que de ses « intérêts et de s'imaginer qu'on doive tout lui sacri- « fier. » La démocratie pouvait répondre à l'orateur : « Cher monsieur Guizot, nous imitons l'exemple qu'on nous a donné, et nous voulons faire ce que d'autres ont fait d'après vos propres conseils : nous voulons nous enrichir. » Bien que péremptoire, cette réponse ne nous satisfait point; nous aimons mieux penser que M. Guizot s'est trompé. Toutefois, il nous faut reconnaître que nous sommes dans une époque de positivisme, et que, dans de telles époques, le sentiment dominant n'est pas le fétichisme. La République ne peut donc être un fétiche : elle ne sera que l'acheminement au socialisme. Nous le savons déjà. Un ouvrier, candidat au Sénat, répondant à une interpellation, s'est écrié : « Est-ce que la République n'est pas subordonnée au socialisme ?

Seulement, il y a deux sortes de socialisme : il y a le socialisme philosophique et le socialisme légal. Le socialisme philosophique, c'est la pratique de la fraternité, c'est l'accomplissemenl de cette parole de l'Evangile : « Aimez-vous les uns les autres. » Le socialisme légal, c'est la loi substituée aux sentiments confraternels qui n'existent point. Une fois entré dans cette voie, le législateur peut aller loin. il peut aller jusqu'à l'expropriation générale ou à peu près, selon le programme du docteur Tony Moilin, lors des élections générales en 1869. Mais l'expropriation générale est une mesure extrême, dont peu de personnes voudraient accepter la responsabilité et qui en définitive ne rendrait pas la société meilleure.

C'est donc l'ère philosophique qu'il s'agirait d'ouvrir. L'ère de justice, de raison et de vérité, que les peuples pressentent vaguement et après laquelle ils soupirent parce qu'ils sentent que c'est seulement alors qu'ils pourront goûter la paix, la tranquillité, la sécurité, le repos dont ils ont tant besoin après de si longues épreuves. L'ère philosophique ce sont les quatre réformes que nous venons d'exposer. En dehors de ces réformes, nous mettrons au défi et les plus habiles et les plus forts et le plus audacieux, les faiseurs de coups d'Etat parlementaires ou militaires, et en un mot tous ceux qui ont une foi immense dans leur génie, de fonder quelque chose qui puisse durer. Bien plus, nous dirons : ou l'ère philososophique, ou l'ère de subversion sociale... Donc, aux hommes d'Etat républicains d'aviser, s'ils ne veulent être, eux aussi, des hommes d'Etat de carton!...

Quant à la société, si elle se trouve en péril, qu'elle se sauve! Elle en sait les moyens. C'est de se placer sous la sauvegarde des principes philosophiques, sous la sauvegarde du juste et du vrai, en commençant par se réformer dans le sens que nous avons dit.

Ou bien, qui vivra verra!

Paris. — Imp. Duval, rue d'Arcet, 26.